GIULIANO CIMINO

Canzoni Di Getto (Il Canzoniere)

Indice dei contenuti

Prefazione dell'autore

I colori così come i suoni, formano insieme alle parole la musica per l'appunto, quasi tutti i cinque sensi il gusto e l'olfatto li rimando per libertà di espressione, nonostante credo e sono convinto che ogni canzone o poesia abbia un suo gusto e un suo aroma.
Per me è sempre stata una cosa sola il bisogno di urgenza dello scrivere miscelato alla necessità di essere musicale,in quanto abbiamo l'opportunità di usare una lingua, quella italiana, lirica per mia fortuna, come disse già nel 1520 il letterato Pietro Bembo.
Andrea De Caro, studioso e filosofo della letteratura italiana asserisce che Bembo aveva ragione.
Già Petrarca, padre della lingua Italiana,con il suo Canzoniere, diede adito a questa constatazione.
La mia visione del tutto personale è pienamente "benedetta" in quanto considero quelli chiamati i poeti maledetti per l'appunto il loro contrario per la luce che hanno messo in me e nella mia adolescenza,oltre alla musica in seguito, grazie a loro ma in special modo a Rimbaud e alla sua poesia "I Colori" scoprii che ogni lettera ne possiede uno, se non addirittura ogni vocabolo poetico.
Scrivo da quando ne ho memoria, più precisamente dal 2003,talvolta poesie, in rari casi canzoni.. Questa

è una raccolta con le "uniche figlie" che considero Canzoni, troverete gli accordi per ogni brano alla fine di ogni testo.

Buona Lettura.

Giuliano Cimino

Ovunque

16-18 Dicembre 2017

In cieli azzurri opachi di sole invernale che
sprigiona luce senza calore,è un po' come..
quando ricevi senza dare
quando Sali non sapendo dove andare

in cospicue forme universali armoniche
funamboliche,eclettiche parti di noi
il binario nella mia stazione
il binario di questo treno in stasi che staziona

E senza direzione
Se non quella sonora di ogni parola
E senza esitazione
Se le tue ciglia aprono,scudo della mia droga

È un'impressione algebrica
E la tua forma non è matematica
È un'espressione scolastica
E la tua soglia è così impavida

Ovunque cuore scolpito,scalpiti
Dilatarsi dei battiti
Erede della mia dinastia

Questi rami come braccia,disfasia

Re minore/Mi/Fa minore/La

Canzone

dicembre 2017-gennaio 2018

È una canzone che mi gira in testa da un po'
E l'avevo nascosta ma che ora ho
L'ho presa contorta ed arresa al volo tra le mie mani
È accesa ancora sospesa la speranza di un domani

Non sei entrata
E quindi non sei uscita

Avevo in testa una canzone
Che faceva più o meno così
Tu ti eri aggrappata al cuore
Ma poi sei fuggita da lì

Quando tu cercavi il sole
E mi guardavi negli occhi
Da quando tu l'hai trovato altrove
Son tornato nelle mie notti

Sol/Re/Do/Mi

Ricordami,Ricordati

14 gennaio 2018

Voglio tenere qualcosa di te
Voglio ottenere qualcosa da te
Che sia un foglio gettato via
O una mia poesia

Voglio trattenere qualcosa in te
Voglio lasciarci qualcosa di me
Che mi renda unico per sempre
In ogni ricordo della tua mente

Voglio trattenere qualcosa di te
Prima di abbandonarti alla tua pelle
Che sia un cipresso,o una foglia verde
Che sia un amuleto tra le tue ambre

Prima di un addio cardiaco
Un mio bacio,semantico.

Sib/La/Do#minore/Mi/Fa#

Sans Titre

15 gennaio 2018

Sei la mia crostata
Marmellata e cattiveria
Cromosomi impazziti e cellule
Vertigini e Sali
Minerali
Disfunzioni momentanee cerebrali
Tu che torni,vai via e poi ritorni
Con quei venti uguali

Sei la fine di una strofa mai iniziata
L'ultima rata
Dell'affitto l'ho pagata
Nei termometri delle tue galassie
Non ti scorgo più
Nelle albe bianche
Delle mie matasse
Non ti scorgo più

Re minore/Sol/Do/Mi minore

Ed Anche Se Non Me Lo Hai Chiesto

gennaio 2018

Ed anche se non me lo hai chiesto
Io ti penso e ti ripenso
Sei nel groviglio dei miei nodi
Come dei neri cuori

Ed anche se non me lo hai chiesto
Non lasci più questo posto
Del mio dentro
E a mandarti via proprio non riesco

Anche se non dovrei
Sbaglio
Anche se sono chi sai
E quel che non sei
Cambio

Anche se non dovrei
Rimango
Anche se non ottengo
Non mi sento spento
Ricambio

Anche se non dovrei

Ci tengo
Anche se non appartengo
Non fingo
E non fuggo più da me stesso

Mi/Sol/Do/La

Il Peso Di Essere Acqua

7 febbraio 2018

Sono figlio della mossa di una marea
Del rumore che fa l'ancora in apnea
Del suono ripetuto come fosse una canzone
Dello sbattere di barche dormienti in un porto

Sono acqua,trasparente salata
Violentata,deturpata
Sono acqua,più che si possa
Di tutto il suo volume
E il peso di essere acqua

Do#minore/Sol#/Si minore/Re

Dipendenza

19 febbraio 2018

Nel fragore del travaglio
Di un reparto chimico
Del mio quadro vivido
Un sensore di abbaglio

Entra,si sveste mi usa
Come il giocattolo di musa

Nella pioggia del febbraio
Non sento il freddo di nessun cielo
Ma il caldo delle sue cosce
Che uccidono le mie angosce

Esce,si veste e saluta
Lei che non è lei,
e mai sarà come nessuna

Do#minore/Sib/Do#minore/Sib/La/Re/Mi

Semantica

5 gennaio 2018

Se anche io fossi,
mettiamo il caso
l'enigma da risolvere
il fuoco che non vuoi spegnere

Se anche io fossi,
mettiamo il caso
il libro da chiudere
il capitolo da concludere
l'amore da non poter vivere
il fuoco che non puoi spegnere

Versamelo,servimelo
tu sei lucido..io sono l'alcool
e tu sei mio
e io sono il pensiero che non vorrai
nella notte quando tieni tra il vento e le braccia lei

Se anche io fossi,
la tua non etica articolata
la semancanza di gravità
nelle notti di tempesta,dai cuori mossi arriverà
Se anche io fossi,

mettiamo il caso
il sorriso e l'amaro
nelle albe dove restano miei il tuo cuore e le ossa fi-
nirà

Bevimi,assaggiami
assaporami e affogami
tra i miei sensi,i seni le tue mani
tu sei mio
e da domani torni tuo

Io sono quella
che piange una notte
e un'altra è così insicura da governare una mente
Io sono quella
che vive la notte
e un'altra è così preda da farti sua,improvvisamente

E' chimica
Radioattiva
Semantica
Romantica

E lacrima
E lacrima
L'anima
E salvala
Vieni a salvarla
La mia anima

Mi *minore/La minore/Mi minore/La minore/Do/Fa7/Re minore/Fa*

Fa/Sol/Fa/Sol/La

Ho Visto

3 aprile 2018

Ho visto cuori assenti,luci accese a intermittenza
Ho visto lacrime come piogge d'aprile
Intense quanto basta
Per scolare quello che non avanza
Per disinnescare amori in gravidanza

Ho visto che a volte la notte
Da più essenza di tanti giorni spenti
Ho visto anche io il buio e sono andato a scovarlo
E ho visto il buio dentro te,andando a cercarlo
Ed ho capito che mi basta già quello che è in me

Ho visto facce,volti ho percepito cuori morti
Ho ricevuto corde sciolte,ho rimandato alcune voglie
Ed ho scritto sempre per come io mi vedo
Ed ho scritto con la mente,come io la vedo

Questa vita che io vivo
In ogni lato più lascivo

E poi ho visto la differenza tra anima e coscienza
Tra la colpa e l'indifferenza,tra cuore e costanza
Ed ho capito che il senso improrogabile

È semplicemente quello che si dà di sè

Mi minore/Sol/Do
Mi minore/Sol/Do
Sol/Do/Re/Sol/Do/Re
Mi minore/Fa/Mi minore/Fa
Sol/Do/Re

Impellente Sfumatura

11 aprile 2018

Come ti aspettavi questa Vita
Parzialmente mossa
Tutta un orgasmo e la sua scossa?

Grappa distillata
fata un po' tossica,velata
Proprio l'opposto di com'era immaginata

Per niente immacolata
Nativa senza data
Mangiacuore a rata
Lucertola impazzita
Immagine sfocata
Nitidezza trascurata

Fa# minore7/Re/Fa# minore7/Re
Sol minore/Do minore
Sib/Do

Dea (Che Non è)

12 aprile 2018

Sfavilla! Scintilla!
Non vedi,è primavera?
E la notte è sempre un po' più vera

Sfavilla,germoglia!
Insieme ai miei semi del male
Il dubbio è se strapparti un petalo
O assaggiare la tua lingua infernale
O lasciarti lasciandoti volare

Sputa! Slitta dolce Dea offuscata
A questo giro non scendo alla fermata

Sib/La/Sib minore/Do#minore/La

Muto Ergo Sum

14 aprile 2018

Da questo lato
Ti ho visto cambiare
Distese di sassi tramutate in mare
Che tremano in cieli privati

Dall'altro lato
Mi son visto mutare
Attese arrese in primavere malate
che sanno annaspare

E bruciare col fuoco
E a giocare col fuoco
Ci restano le anime incomplete
Ci restano le nostre disamine inquiete

Fa/La minore/Do

Disinnesco

13 aprile 2018

E questo è lo spartitraffico
del mio oceano lisergico
E aprile assorbe tutte le malinconie
che il mio animo gravida senza anestesie

Come un'iperbole di bombe non scoppiate
Come una Venere di sostanze modificate

E scopami chi eri ieri
Ma non toccarmi mai il domani
Ampolla del tuo vice re
Io l'Apollo senza frecce e se

Spirali ipnotiche
Piante carnivore
Dilati In nuvole
False penisole

Re minore/Fa Re minore/Fa/Mi/La

Impersonale

23 aprile 2018

È del tutto una cosa impersonale
La mia metamorfosi senza stella polare
Di fame astratta concubina surreale

Lasciami frammenti e singhiozzi disattenti
Fremimi con irruenza la volta della tua porta
Dapprima spalancata, poi tutta celata
Nebulosa fastidiosa
ardimentosa ora insanguinata
Fingi spalanchi orgasmi in striduli assaggi

Sei il concetto che non capisco ed ostruisco
Sei il confetto avvelenato che brandisco
evito medito ma preferisco
E se riesco non preferisco

Sib minore/Fa Sib minore/Fa/Mi/Do

Autocombustione

25 aprile 2018

E se l'ala brucia
Il fuoco la cattura
Ho visto anni migliori
Fragole e fiori
Intasati a tanti umori

E se l'altra ala sta bruciando
Io sento freddo ma sento caldo
Ho vissuto morti meno pesanti
Mia fenice prova a salvarmi
Da queste mie rampicanti
Da queste mie rime roventi

E come mi distruggo mi distruggi tu
E come mi ammazzo decidi tu
Uccidi tu..uccidi tu

E quante vite dovrò ancora collezionare
E quante fenici dovrò ancora seppellire
Prima di nascere,prima di morire
Prima di vivere prima di rimorire
Prima di rimescolare il mio sangue animale
Prima di arrivare o prima di tornare

23

Vertigini

aprile 2018

E le senti le ferite al cuore
Cuciti il dolore
Senza il cosmo boreale
Io resto acqua
Ma tu non sai nuotare
Sono vertigine di altre lune in mare

Circuiti di catene e di parole
Ipnospastiche,ipno-arrese
Porno magneti
Vacanti segreti
Che non sanno mentire,
che non sanno parlare

cielo limpido,viso pallido
hai bisogno di un rigurgito
o forse no..o forse no

e ti faccio sentire tutte le mie assenze
con un mantra che non mente
nella tua giostra infinita chi si diverte?
Al mio posto,con le vene scoperte

Generazioni

29 aprile 2018

E scambiatevi i numeri delle circonferenze dei polsi
sinistri
E le canzoni dei vostri battiti,e le canzoni in minore
non devon essere per forza tristi
Rispondete a storie di altre storie solo con gli occhi
E alle parole di suoni e voci

Postate sorrisi ricchi e gravidi e non sorrisi finti e
abortiti
Svestitevi di fronte a mani,cullatevi in mezzo ai seni
Fate l'amore solo con schermi vitrei moventi,magari
lucidi

Dei vostri vent'anni rimarranno soltanto schede di
memoria fisiche ma non memorabili
Dei nostri trent'anni resteranno messaggi istantanei e
nessuna istantanea indimenticabile

Re/Fa/Mi minore/La minore

Trovami,Cercami E Perdimi

30 aprile 2018

E andiamo a spacchettare nuvole
Costringendole a un aborto clandestino
E superiamo gli ostacoli soggettivi
E sradichiamo i cancelli emotivi

Liberiamoci le vene dal male
Senza poesia,ma con poesia
Io sono quel frutto acerbo,
tuo fiore del male

e perdimi ancora per ritrovarmi bambino
e trovami ancora per perdermi da vicino
e cercami come sai fare
come sai fare
e parlami senza parlare
e trovami senza indicare
e perdimi,perdimi come sai fare
come sai fare

Fa minore/Mi/La minore/Fa minore/Mi/La minore
Sol/Do/Sol/Do
Mi minore/La minore

Versi Sparsi Di Natura Cardiaca

6 luglio 2018

Sei rimasta nell'ultima farfalla sullo stomaco
Un vetro scheggiato nel cuore dei miei occhi
E ci saranno cascate del Niagara
Segreti di Pulcinella svelati
Della nostra tensione calpestata

E apri la finestra e vola via dal mio intonaco
Che quello che dovevamo dirci ce lo siamo detti
Che quello che dovevamo farci ce lo siamo fatti
Di frammenti,dei miei versi sparsi
Dell'anima i tuoi occhi

Re minore/La minore/Mi minore/Fa

Tempesta D'Estate

29 luglio 2018

E non mi si schiodano più
I tuoi occhi invitanti
Che invadono senza chiedere
Le mie terre distratte
Ed il mio mare infinito

E non mi scordo il tuo riso
E le tue gambe invadenti
Che invitano me
Dai tuoi short slacciati
La mia mano che va giù

Le mie vene divaricate
Si allagano di te
Sangue e spremute
Incollate alle tue mani mute
Allacciate a me
E forse non conviene..
Ma poi mi riesce bene

Dovrei stare più attento a me
Che vago in un firmamento così debole
Che la cautela non è mai stato

Il mio punto forte,forse sei tu
Una prudenza passiva
Così impazzita,di certo sei tu

Ho incontrato i tuoi occhi
Una sera d'estate
Coco chanel
Tu che ti muovi come in una sfilata
Io che non respiro se
Non respiro niente
Se non vedo te
Se non respiro te
Giochi a fare e forzare,ma in questa estate
Sei la mia meta
Se io sono a metà

Fa#/Mi Fa#/Mi Sol/Do/La minore/Mi

Viaggi

8 agosto 2018

Ed è anche capitato
In un recente passato
Di essermi un po' perso
Per fare viaggi sconosciuti
Ed ho incontrato cuori muti
Mi avevan detto che poteva servire
Mi avevan detto che poteva ferire
Ma poi sono tornato me stesso

Ho ripreso il treno,uno l'ho riperso
Mi chiedevano il significato per ogni parola
Di ogni mio brano,poesia,testo..
Senza sapere che questa non è solo una scuola
E se mi guardo mentre parlo mi vedo nudo
E se vi guardo mentre parlo vi vedo nudi
Così intenti a leggere significati,non dati
Di sogni miei,di vite mie e calendari,non date

Perché brucio come Icaro,ma sono fenice
Perché la luce di ogni cenere,fa nere le ferite

E quando poi mi chiedono perché non sono arrivato
Ciò che sono lo tatuo

Rispondo solo che guido male,ma so nuotare bene
Ma non vivendo tra pesci,
non riesci
a correre su questo asfalto
e il treno non ripassa ancora,
e nel caso se ci Sali fammi un fischio e vola

e quando poi mi chiedono se
ciò che scrivo è o non è parte di me
posso dire solo che come un parto parte da me
è la mia arma sola nelle vene
e se urlo dentro,e volo piano è per aspirare a ciò che
è più alto
è il treno che tu segui e se lo rivedi,io ci sono
fammi solo un fischio e volo

Sol/Re minore/Do/Mi minore/La minore/Mi minore/La minore/Mi minore

Mia Fottuta Gioia

ottobre 2018

Dagli abissi nella tua alcova
Mia sirena di madreperla,rosa nuova

Scagliami tutto addosso
Quel che pensavi
Quello che io posso
Quello a cui tenevi
Ti si è scagliato contro

Come te,come me,come te,come me

Dagli incesti di sale e alghe
Sei pietra di fondale luna tersa e rive larghe

Parlami di Paolo e Francesca
Dell'amore che scorre,che corre che vola
E che resta
Guardami dal vetro che ci dista
Mostrati per come sei
E non per ciò che vuoi

Come le piogge d'ottobre mai dome e mai spente
Come tutta questa pacata pazienza che ci serve

Come ogni mia fottuta gioia andata persa e ritrovata
Lode d'ogni guerra vinta..la mia stessa stella tinta

Sol/Re minore/Mi minore/Do

Mi Sento Tirato In Causa

12 ottobre 2018

Mi sento tirato in causa
Tutte le volte che mi pensi
Il modo in cui ti permetti
Di farlo con me
Con quella violenza
Impulsiva
Mi pulsi nella testa
Come un giro di fa
Come quella canzone che fa

Si minore/Fa/La/Do# minore

Mi Manca La Scusa

30 ottobre 2018

Mi manca la scusa
Per salutarti,per dirti di parlarmi
Per chiederti altro oltre i tuoi occhi

Mi manca la scusa
E forse di scuse ne ho avute anche tante
E scusa,lo so che non sono Dante

Ripasso le mie parole sui fogli
Come le dita delle mani sul tuo volto
Lo scorgo,accorto

E ho le parole come unica arma
Arco,lance e frecce
Solo parole,solo queste

Ma ho le parole come proiettili di una pistola
E per te me ne sono uscite ora
Ancora..

Sol/Mi minore/Do/Fa/La minore/Mi minore

Di Corsa

4 novembre 2018

Sfogliami con ardore
Come un libro di Oscar Wilde
Selvaggia ti voglio
Finchè non ti riaddormenterai
Svegliami dai meandri dei miei non letarghi
I tuoi occhi così grandi sono petardi
Larghi frammentati e fiammanti

Assaporami come la fragola sopra un gelato
Freddo e celato non è il vero amore
Amare è il segreto di vivere
Resta viva ad ogni mio gradino mancato
Mancando gli sputi che la vita fa
Riempiendo i tanti vuoti
Che ognuno dei miei mille me ha
Non li fare mai sentire soli,

Come le nuvole fanno con il sole in autunno
Come un treno che scappa sento questo autunno
In cui c'è sempre il dovere,il correre
In cui c'è sempre il dovere di correre

Io so solo che l'equilibrio è il padrone

Ma non sono un equilibrista
Sono solo un uomo che ha scelto per sé
Di essere il tuo punto di vista
Dal balcone del tuo cuore,e che vista c'è!

Come questo autunno sta facendo con me
Come questo autunno fa con me

Fa/La minore/Fa/Do/Sol/La minore

Due

9 novembre 2018

Siamo foglie pazze nella strada della vita
Siamo porte aperte con nessuna via d'uscita

E se per un attimo resti ,mi presti l'ossigeno che
Il mio non mi basta,il tuo non ti basta mai
Serve essere in due a questo mondo per vivere
Serve essere in due per esistere,servi tu a me

E se per un attimo resti,affittami il cuore
Che cosa te ne fai è sprecato per restare da solo
Un regalo mai scartato,il giorno che hai scoperto
Che si ama,si vive in due ma si nasce da solo

Siamo foglie che cambiano più di un colore
Siamo piogge che bagnano un cielo aperto
Siamo foglie pazze nella strada della vita
Siamo porte rotte tra una discesa e una salita

La minore/Do/Mi minore/Fa
Sol/Do/Mi minore/Sol/Re/Mi minore/Do

Lo Dirà Il Tempo

novembre 2018

I calci che ho preso,il male che ho fatto
I baci che ho perso,i baci che ho dato
Sono fenice ma mi sento un gatto
Sono i respiri che ti do,i sospiri che ho mancato

Quella parola non detta,quando stava per uscire
Quel verso non scritto,come un abortire
Una promessa non colta,anche questa volta
Come un amore non scambiato
Come un amore non consumato
Una scommessa morta,un'altra volta

Ho fatto male ho fatto bene non sono così
Ho fatto bene ho fatto male se sono così
Se ho fatto male o ho fatto bene lo dirà il tempo
Questo maledetto falso amico qui
Se ho fatto male o fatto bene io sono così
Io sono così,io sono così

Fa/Mi Fa/Mi minore Do/Sol
Fa/Mi/La minore/Do/Sol

La Ricerca Di Te

10 dicembre 2018

Sarà che la vita avrà i suoi disegni
Che siano rinascimentali o di arte contemporanea
Che diano sol be molli e racconti in quattro quarti
In silenzio omogeneo
Ci guardiamo come Sybil guardava Dorian

Come si deve guardare qualcosa
Come ci si deve guardare dopo ogni aurora

In cerca di qualunque cosa che non c'è
In cerca di una qualunque cosa che ancora non c'è
In cerca di qualcosa che non c'è
In cerca di una rosa che non esiste
In cerca di una droga che sia io per te

Un fiore di idrogeno,oppio metafisico
Rovo incandescente,che una bella mente
È il più bel fisico
Sarà che la vita ha i suoi sogni
E io ho scelto di non smettere di crederci
Anche se non ho fatto tredici
Sarà che la vita ha i suoi disegni
L'importante è capirlo,comprare un pacchetto di

consapevolezza
L'importante è che resti unica nella tua salvezza

E ti toglierai il trucco prima di affogare nei tuoi so-
gni al neon
E con un disappunto,prima di salutare lo specchio
E spengere la luce del bagno
Prima di addormentarti nei sogni che vuoi che ven-
gano a salvarti
Prima di sognare il tuo Teseo

Tra la tua vivace imperterrita luce ferita
Che tornerà a splendere come la tua vita
Nonostante il tuo non amarti abbastanza
Nonostante vedi il grigio sul tuo cielo nella stanza
E negli shock emozionali cerca sempre
Di trovare anche quello che di te non senti
E se guardi le stelle non siamo niente
Trova chi sei e butta quel che non ti serve

Re minore/Mi minore/Re minore/Sol/Do

Scusami,Scusati

17-18 dicembre 2018

E smetti di prendere a calci il mondo
E ritorna a farti mordere le orecchie
Che la vita è solo una lo han già detto
E ti ripari sotto i copertoni
Semitoni del mio cuore,dal mio vento
Vetro rotto scontento

E scusami se non si può
Amarti come io potrò
E non me lo avevi detto
E scusami se non si può
Amarti come io vorrò
E non me lo avevi detto

Che agli schiaffi della vita non avresti risposto
Che agli scettri di ogni cuore corrisponde un diluvio
nascosto

Sol/Fa Sol/Do Fa/Sol/Do

In Ogni Mio Senso

dicembre 2018

Vagoni di fogli sparsi scritti di notte
In viaggio tra pullman treni ed aereoporti
Ovunque dove ci sia vita
Enegia,calore,luce del sole
Spenti cieli,pioggie adorate e adornate
E tormente di neve
Occhi che sentono e parlano di primavere più vere
E scosse di terremoti
Maremoti che non si possono non avere
Che non si possono non sentire
Il sentire della vita stesso

Ogni mio compromesso
Ogni mio me diverso
È forse sempre lo stesso

Nelle rotaie del tram,frenesie di vite
E persone incontro a una guerra persa
Contro il tempo
Umani che giocano a festeggiare feste
Di calendari gregoriani
Preferisci questo o gli altri Giuliani?
Preferisci quel Guttuso o altri mille Modigliani

Tramonti precoci,eiaculazioni mentali

E sensi gravitazionali

Che ci impongono di vivere a mille questa nostra
vita

E le altre,passate e future

Credo,anzi ne sono certo che sono stato un felino

Un'aquila e un abitante di oceani

Credo e forse spero,di poter tornare ad esserlo

Solo dopo aver toccato e mosso cuori e mani

Con le mie parole,come treni

Perche se non vivi non tremi..

Nel mio trasporto,nel mio più intimo e stretto mi co-
nosco

E ti riconosco in quello che amo

Gabbiani lontani e il mare ovunque

Da ogni mio angolo e lato

E le mie rime indiscusse di ogni mio senso lato

Do/Mi minore/La minore/Re7

Nasco,Cambio,Vago

20 gennaio 2019

Così poeta da sembrare scoordinato
Un punto ovunque,così maleducato
Viaggia nei miei voli,lettore spaesato
Se la fine è il viaggio,spero di non essere mai arrivato

E la notte è sempre corta e mi chiede
Dimmi con chi sei stato
Dimmi quanto costa cambiare o esser ricambiato

Ed io piovo ai confini del disabitato
E non sono nulla di disanimato
Un inchiostro alluvionato
Un mostro apparso e cancellato
Un mai morto alla fine del creato

Sepolto in rime
Così vicine,
Che mi sente anche
Tutto ciò che non ho ancora creato

Sib minore/Fa Sib minore/Fa/Do

La Mia Impotenza Nel Tuo Stato

30 gennaio 2019

Vorrei
Ma non ho
Il potere di uccidere i tuoi demoni pazzi
Il potere di farli in cento e mille pezzi

Vorrei
Ma non ho
La forza di togliere ogni tuo più intenso nero
La forza di spargere armonia in ogni tuo ego

Vorrei
Ma non ho
L'anima che piange al posto tuo
L'anima che sfugge a ogni brusio

Vorrei
Ma non ho
Il tuo pennello rotto da riparare
Il tuo pennello spento da riaffermare

Ho soltanto come dono
Questo cuore scaltro e sparso di un uomo
E di tutti i "volere"

Questo è il meno "potere"

Re minore/Mi minore/Sol Re minore/Sol Mi minore/Sol

Veleno

2 febbraio 2019

L'arte è materiale organico
Che vomita l'essere umano
Per sentirsi più vivo e meno lontano
Da questa parte di oceano pacifico

E non ho numericità
Che mi faccia costante
No,io non ho algebra e notorietà
Che mi facciano atlante

Etimologi del senso
Buttafuori di emozioni
Non sono parte di una setta
Ma è la retta che vi fa fuori

Maestri,Dogi dell'assenso
Mietitori di consensi
Non solo sputi sul tuo piatto
Ma elargisci sentenze spente

E non ho commercialità
In questo schermo senza vita
Io ti sputo contro,le tue verità

Mentre abuso del refuso

Nel tuo opaco letto
Di seguitori occasionali
Ricordami di ricordarti
Le tue riflessioni anali

Mi hanno insegnato a mettere il cuore a nudo
E non solo su un palmare
Ed a preferire un poeta crudo
Alla tua saggezza da prima elementare

Sol/Do/Re/Mi Sol/Do/Re/Mi minore

Oblio Umano

7 febbraio 2019

Cosa diranno di noi
Che abbiamo spostato lancette
Per stare al passo col sole
Che abbiamo sognato di volare come saette
E poi morivano bambini come il vento che appassi-
sce le viole
Che abbiamo fallito in tutto ciò che si poteva fallire
Che abbiamo deriso le grida di chi stava per morire

Che abbiamo sperato di cambiare qualcosa
Invece non è cambiato niente
Che abbiamo da sempre
Da imparare da tutte le altre forme di vita,e da chi
osa
Noi che abbiamo parlato tanto e osato solo un'ora
Noi che pensavamo di non farla mai finita
E poi cadevano ragazzi dai balconi
Noi che non siamo mai stati all'altezza della vita
Noi che siamo stati spesso coglioni

Noi che abbiamo visto tutto e non abbiamo visto nul-
la
Noi che abbiamo dato per scontata la bellezza

E la natura
Noi che non abbiamo mai amato
La bellezza della natura

Noi che abbiamo armato bambini innocenti
Ed ucciso popoli minori con lame taglienti
Noi che abbiamo rovinato monumenti
Ed abusato di donne partorienti

Noi che abbiamo chiamato delle bombe "intelligenti"
La dignità è più umana nei serpenti
Perché i rettili ti aggrediscono per timore o per fame
Mentre l'uomo da sempre,ha solo voglia delle lame

Fame di potere e di prevaricare
Essere il più forte per non essere il più debole
Ed il diavolo ha anche imparato a pregare
Da preti senza lode e un grosso altare

Allagando con acqua santa sporca
Spiriti inconsapevoli di andare alla forca
Odiando altri libri ugualmente sacri
Per gli applausi di mani potenti,finti madri

Vomito di Dio
Desiderando inconsciamente
Varcando ogni mente
L'oblio

AutoRitratto

12 febbraio 2019

Sono una deriva piena di vita ondosa e straripante
Sono una freccia di un Troiano nella mia odissea er-
rante

Sono ciò che vedo,ciò che trovo
Ciò che intravedo da ogni rovo
Sono ciò che sento,ciò che cerco
Ciò che intraprendo da ogni sterco

Sono acqua salata e ve l'ho già detto
Sono fenice insabbiata che riprende forma per vola-
re
Sono in ogni forma in cui voglio diventare
Sono ogni condizione della mia ombra,orma
Impronta di un essere,in ogni malessere
Salire e scendere,bisogni dell'essere
Sono sopra la convinzione e l'utopia
Sono la cometa che fugge via
Sono il libro che non hai ancora letto

E mi sento vivo,lo ridico
Solo se scrivo,da quasi vivo
Dentro il nido mio,radioattivo

Non ti avvicinare tu sirena dai capelli color fata
Non ti spaventare vena nei caselli della mia autostra-
da

E sono nudo e trasparente
Anche se deludo sono coerente
Corazza sporgente

Non ti scordare delle mie corde
Non ti salvare nella mia contaminazione
Sono lupo ma che non ti morde

Sib minore/Sol/Do#/La/Mi/Fa#

Baciate A Capo Apposta

febbraio 2019

Basita becchina
China calpestata
Detonata deteriorata
Fata finestra

Giostra gincana
Hegeliana hertziana
Lesta lessa

Messa ministra
Nostra nana
Popolana pesta

Questa quadrata
Ritrita resa
Sera sorta

Tetra turchina
Vicina vera
Zattera zootrodita

Sol/Do/La/Fa

Antidoti

6 marzo 2019

Mi trema l'anima
E ti divarica
E tu splendi altrove
Ma dentro te sei tutto dolore
E tu insegni a illuminare
Ma dentro hai smesso di brillare

E l'estate ci aspetterà
Le tue lacrime saranno fertili gravità
Che tu da sempre e da domani
Hai i miei respiri nelle mani
Che tu nel ventre e sui reni
Hai tutti i miei salvi antidoti sani

Mi minore/La minore/Do/Fa

Sovversiva

6 marzo 2019

Sovverto l'ordine e gli addendi
Mi pulisco di ogni demone in fiamme ardenti
Se apri gli occhi e li chiudi mi arrendi
Ogni tuo pianto è l'indice dei miei incendi

Voglio solo trovare quella strada più giusta
Una linea confusa per renderla veste
Ma non provare mai a cercare la morale nell'arte
O a redimere una cometa boreale che si sveste
Perderai solo tempo e tieni stretto la tua retta via
Preferisco perdermi in questi cieli di autofobia
E scia di poesia

Io che sono diverso e
Tutto è uguale a me
Io che sogno riverso e
Il cambiare è un mio perché

Prova a smuovere le stelle con la volontà
È una perdita di senno astratta e inutile
Non ti servirà a capire,non ti servirà un perché
Tu che smuovi plotoni e Plutone in Giunone
Riesci ad essere il mio Giasone

E io sono Atena o una nenia lancinante
Lancia di Palpitante vena piena devastante
Lena rampicante di ogni mia esplosione
Rigettato nei miei inferni interni
Trasformato in Didone

Sol/Do/Mi Sol/Do/Re

Un Altro Me

26 marzo 2019

Ho trovato perle nel tuo aroma romantico
Ti dissolvi come un sole solitario e asettico
Ti ritrovi nel mio magma magnetico
E la tua puntura non fa mai male
Espresso,hai concesso al male
Di farti tormenta e annaspare

Piuma di aquila che veglia su te
Luna di acqua che vola per me

È tutto perfetto
Questo mondo rigetto
Così com'è
È tutto sconfitto
Il resto tremendo
Così com'è
È tutto un po' pazzo
Questo arazzo
È un altro me

Mi/Do/La minore/Fa Mi minore/La minore/Do/Fa

La Prima Pioggia Di Primavera

4 aprile 2019

Battere
Cadere
Scendere
Scivolare
Due quarti
Tre quarti
Tre ottavi
Sei ottavi
Quattro quarti
Io ti amo senza dubbio
Tu comandi
E non avvisi ai ritorni

E quando scendi
Acqua su acqua sei su di me
E quando scuoti
Notti di terremoti,sei come me
Senza fissità
E nel senno per natura
Ho la tua stessa movente
E profumata gravità

Il mio odore preferito

Il mio senso-re definito
Fiore nato con te
Che hai scelto la tua essenza per me

Do/Sol Do/Sol Do/Sol/Re/Mi

Il Tempo Che Non Vince

11 aprile 2019

Chissà come resteremo
Con alieni rinasceremo
Chissà cosa saremo
Teste di gomma e corpi da vetrina
Chissà come faremo ancora l'amore
Se i sospiri varranno emozione
Se il tempo continuerà a farci la guerra
E a vincere ogni battaglia

E chissà anche se capiremo
Che vivere il momento lo disse quello scemo,
è la battaglia che vinceremo
anche contro il tempo così,ce ne andremo
ma non passeremo

se ad ogni secondo daremo tutto il nostro mondo
se ad ogni cuore daremo tutto il nostro calore
se ad ogni aiuto daremo ancora la nostra attenzione
se ad ogni parola daremo ancora il giusto valore

Do/La minore/Do/La minore/Mi minore/Fa/Sol

Sogni Mai Morti

25 aprile 2019

Ci sono le mie elettricità racchiuse in spine che non
pungono
Scosse che mi appartengono allegate a prese del cuo-
re
Ci sono i tuoi colori nei giorni più scuri e più neri
Piogge di luce che si accendono bagnate rese
Mai arrese a questi giorni severi
C'è la mia fame di parole che non mi basta e mi
avanza
Sempre una nota,una parola

Ed è una metrica un pò malata
Come questo ossigeno insano
Che respiro,che respiriamo
Ed è una eclettica scena un po' rubata
A certi versi e dipinti che mi fanno più vivo e che io
amo

E del bovarismo che ho dentro me
È della luce che tu fai su di me
Dea strappata ad un'apnea
Ritorni a galla dove ci si vede
Risplendi a un'altra alba di distanza

Che i sogni più forti non sono mai morti
Soltanto se uno ci crede e poi li vede

E del tempismo sconosciuto questa rivoluzione
Che è in arrivo non lo senti l'odore?
Attesa intatta,salita consumata
Ti sei resa più viva,mia saliva di vita mai passata
Ritorno in fondo da ogni cometa marina
Risuono a bordo in ogni stella svelata che vedo
Che i sogni sono figli della speranza
Ma è la spuma la tua sola saliva che mi basta e mi sal-
va

Io solo e Soltanto nel vento col mio mare mai fermo
Col cuore mai calmo
A questo ci credo.. a quello che vedo
A quello che sento
Che i sogni sono più forti delle morti
E la realtà resta fissa a chi non apre gli occhi
E la realtà sembra falsa a chi non chiude gli occhi

Re minore/Fa/Re minore/Fa/Mi/La minore

E' Tutta Una Giostra

30 aprile 2019

Voglio fare istanza
E non solo ai tuoi occhi
Anche alla tua pelle distante notti
Voglio fare causa
Senza specificare
Nessun complemento oggetto
E poi mi voglio fare male
Con il modo in cui ti comporti
Con i miei spettri

Frigobar di questa stanza
Rumori e suoni nella mia testa
Che sembra una festa
Invece è un marasma
Di piogge taglienti,che profumo c'ha questa

Lei viene ed io aspetto /Lei dopo dorme
In questo fradicio letto/ma io non ho sonno
Un'altra risposta/per un'altra risposta
Alle tante domande che mi hai riempito tu /alle tante
domande che mi hai lasciato tu
Senza mutande,in bocca i capelli di questa/senza
mutande e un dannato Alien sulla pelle di questa

Che domattina non troverò più/che domattina non
rivedrò più

E gira questa giostra
Come una porta
Di quelle sporche banche
È una finestra
Rotta,la mia vita senza le tue anche
E Sali sulla mia giostra
Ancora una volta
Che se non mi ami non importa
Ed è una finestra
Aperta,il mio cuore in soffitta

Senza di te
Che se non mi ami sì,che mi importa
Che se non mi chiami,non riesco più
Che se non mi chiami,la chiudi tu?

Questa mia porta,maledetta finestra
Di questa allagata coperta
Delle mie lacrime
Che non mordono te
Delle mie lacrime
Che non sento su te

Di questa messa mesta
Di questa fradicia stanza
Delle mie lacrime

Che non mordono te
Che non sento su te
Queste mie lacrime

La minore/Mi minore/La minore/Mi minore
La minore/Mi minore/Fa/Do/Sol/Fa

Sete Di Gioia

27 aprile 2019

Nella mia inaffidabilità di sensore
Data da un precursore
Di azione in azione
Molecole in prigione
Ragnatele in infissi,scettri di spettri
Scarafaggi in scalini −equilibristi−
Le vele indefesse in nessi mai riscontrati
Falene disobbedienti ad affitti di cieli stellati
Atterranno in terra come miei pensieri anneriti
Errori sempre e puntualmente pagati
Onori mai avuti e a vuoto soltanto aspettati

Nel grigiore che mai come adesso mi ha appartenuto
Stella del tramonto stammi vicino in ogni starnuto
Dove cado ed inciampo in questo campo di rare feli-
cità
Cerca di darmi la forza anche quando lei dice che
non abita qua
E a questa voglia la spinta di sorridere e tenere per
me un po' di serenità

Mi preme come respirare
Questa mia mancanza..sorriso mia felicità

Sì,mi preme volare

Non riesco più a stare in questa stanza di cecità

Ed abitare questa gabbia

Perché quando arriva la pioggia

E sulle labbra son pieno di sabbia

E devo bere

Mi chiudon la bocca...

Ti chiudon la bocca..

E muori di sete

E muori di sete

Mi minore/Sol/Do/Sib/FaSib/Fa/Mi minore

Riot

25 maggio 2019

Ho distillato i demoni in alcool come i migliori vini
Ho centuplicato i miei esseri in milioni di occhi chia-
ri
Tutte le volte che ho amato donne sopra ai miei cu-
scini
Tutte le volte che ho amato gli altri miei possibili de-
stini

Ho affogato le mie ansie in bocconi amari
Ho piovuto lacrime in oceani neri
Tutte le volte che riemergono questi assassini
Pensieri

E se non ci fosse la mia droga per tenermi vivo
In questo mio vano perenne tentativo
E se non ci fosse questa droga che mi salva da ogni
grido
In questa mia vita fatta di un foglio dove scrivo

Ma adesso no,ma ora no
Non sono più pronto per altro nero addosso
Ma ora no,adesso no
Sono davvero pronto per rifiorire il mio istinto sel-

vaggio

Ho rinnovato i guardaroba del mio animo che muta
Ho cambiato il tempo della mia ora illegale senza ve-
stiti e senza muta
Ho mutato tutto ciò che potevo nella vita

Tutte le volte che il sole mi ha fatto splendere e di-
ventare cometa
Tutte le volte che il sale mi ha benedetto in onda di
seta
Tutte le volte che il volo mi ha dato la spinta sulle
ali,sono stato meta
E la mia eroina sono le mie parole in forma Baude-
lairiana
Ossigeno per la mia anima in rianimazione
E la mia eroina sono i miei colori nella norma Rima-
budiana
Indigeno,mi intrinseco e faccio mia ogni poesia ra-
dioattiva
Rende più viva questa mortale vita ed ogni sua azio-
ne

Che allo schioccare delle mie suole
Ho rintoccato i battiti del cuore
Ma è svanita la magia dello stupore
E questo nero mi divora in grappoli e tremore
Nell'attesa di una speranza mai svanita
Lascio la resa di una vittoria quasi partorita

Che mi dia il nome del mutare nella vita
Che mi dia il nome del cambiare la mia vita

Do#/Sol#/Re#/Mi/La/Sib

Cronistoria Autobiografica

30 maggio 2019

Ho un vuoto dentro l'anima che è piena di versi
Ho un buio tetro in camera,soffitti anoressici flessi
Di lampadari –vetri rotti in mille armadi-
Ho un buco vero come quello dell'ozono
Ma tu immagina una città morta che respira solo
azoto
Ho un vuoto così grande che sento da prima della
mia primavera
Che solo tu ghiaccio di mare sai colmare

Tutto è iniziato alle elementari
La mia prima lingua seppur ami più di me stesso
questa
È stata il francese,je m'accuse ,vous m'accusez de la
traduire?
Fleurs malèfiques dans les hopitaux
Des morceaux de lumière,
mort évitèe
tumori neri,abissi e fondali
aprirono il mio ventre trovarono mari infernali
gli stessi Sali che mi han salvato
seconda vita al via,anestesia,che poesia,sono grato

a nove anni dopo un incubo talmente forte
mi uscii il sangue dal naso
chiamarono di notte,mia mamma lacrime rotte
nonna non vinse un'altra battaglia
preferiva i tedeschi ai farmaci intelligenti
solitudini Pessoa,Lorca o Neruda beatitudini
senza un padre senza trauma
doppio cuore,doppio vuoto,doppia mamma

l'adolescenza è stata un incontro di pugilato
io sempre steso al ring contro l'obesità
da diventare acciughe a balene una strana oscenità
assurdo è che mangiavo meno di un rinnegato
poi altro mare,altra morte evirata
mi svegliai da un collasso con in mano una croce
perché la mia vita vive di ossimori ed è senza pace
terza vita al via,che magia quanta allegria,sono rinato
rapace

presi il volo e mi imbarcai in mezza italia
viaggerei soltanto sempre potessi davvero farlo
solo per il gesto di farlo
ero più contento del ventiquattro dicembre
a limonare cuori,e scambiare umori con la mente
quante facce conosciute,quante cambiate
amo sempre le poche da lì restate
finì quel tempo come tutto finisce
come un fiore rosso che non appassisce

mi restarono un grumo di luci che ancora non spen-
go
tornai a scrivere per vivere come unico vento
diventai uomo senza piangere ma comprendendo
che una lacrima è sale,ed io sono mare
e solo per chi vale la perdo

Re/Mi minore/Do/Sol/Re

Finchè

5 giugno 2019

E ho trovato un cortile
Dentro ai tuoi occhi
In fondo al tuo aprile
Di pensieri interrotti

E ho smarrito parole
Sotto un acquazzone
Le stesse con cui vivo
E vinco le uniche volte
Che provo
E vivo le uniche vite
Che scrivo

E ho cercato l'amore
Sopra la tua bocca
Le scelte che non ho fatto
I treni che ho preso
E le mani che ho scelto
Sembrano brani per me
E i domani che perdo
Si smembrano finchè brami per me

I treni che ho perso

So che non passano più
Se mi tieni al tuo vento
So che non ti lascerò più

Finchè il tuo cuore ha voglia di darmi del tu
Finchè il tuo calore ha voglia di farmi più tuo
E io non dormo sereno,perché vivo sospeso
Tra le nuvole spalancate che mi lanciano a te
E io che vivo la sera,perché sono sirena
Tra le onde di sole avventate come lance su me
E se tu sei Nettuno,io non sono Nessuno
Io resto conchiglia che sbatte e ribatte
Il cuore e le ciglia solo con te

E ho cercato l'amore
Sopra la tua bocca
In una notte di fretta
E le mani che ho scelto
Sembrano brani per me
E i domani che perdo
Si smembrano in un momento
finchè brami per me

I treni che ho perso
So che non passano più
Se mi tieni al tuo vento
So che non ti lascerò più

Fa#minore/Sol#minore/Do#/Mib/Mi/La/Do#/Sib

Anche

6 giugno 2019

Accendimi come un telecomando
Assumimi,lavorante viandante del tuo dolore
Graffiami il cuore,tigre di Malesia
Guardami incantata,roccia di falesia
Navigatore
A comando
Istantaneo spontaneo

E si rigenera il mio amore in salvo per te
Che indovini sempre il pin nascosto in una valigetta
33
Hai le chiavi di ogni portone mio
Hai le navi ogni scossone di burrasca che sento io

Accendimi come un accendino
Assumimi a quartini di vino
Del mio sapore
Guariscimi i tormenti di ogni disillusione
Germogliami orchidea di settembre
I malesseri che fanno prigione
La mia mente in catena
Travolgente scena

La vibrante azione delle mie corde
Come le tue natiche quando le mordo
Le vibranti azioni delle mie corde
Mi salvano sempre,mi salvano perché
Non ho mai chiesto a questo mondo
Altri anche,se non anche te

Fa/La minore/Fa/La minore/Do/Sol/Mi

[1]

RINGRAZIAMENTI

Alla musica.

All'ispirazione.

All'idea di arte e all'arte stessa.

A chi mi ha trasferito questo nel sangue.

A chi mi fa vivere,a chi mi fa scrivere.

A chi mi capisce,e mi ama.

A chi ama come scrivo.

A chi mi ama e sa capirmi davvero.

Alle parole.

Al suono,

Alla loro melodia,e al loro ritmo.

Al tempo.

A chi è come la pioggia.

A chi è come il sole.

A chi si sente ovunque.

A chi non si sente mai fermo.

A chi ama il dubbio.

A chi non può e non sa stare fermo.

A chi vive,ama,scrive in continuo
movimento.

Alle mie scelte.

Che sono le mie parole,i miei
affetti,Atena,gli Dei,le mie chitarre,i libri,la

musica e la mia famiglia.